まちごとチャイナ

Shanghai 006 Around Shanghai

上海郊外
伝統県城と、ニュータウンと

Asia City Guide Production

【白地図】長江デルタと上海

CHINA
上海

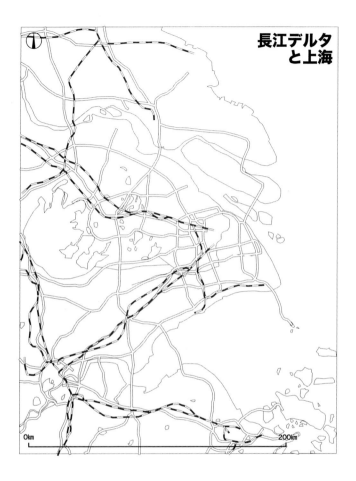

長江デルタと上海

【白地図】長江河口部

CHINA
上海

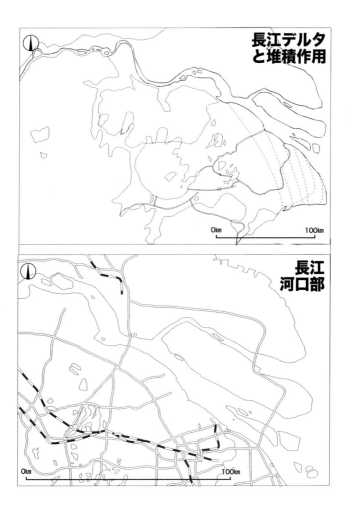

【白地図】上海郊外

上海郊外

Shanghai 白地図

【白地図】龍華

CHINA
上海

【白地図】閔行

CHINA
上海

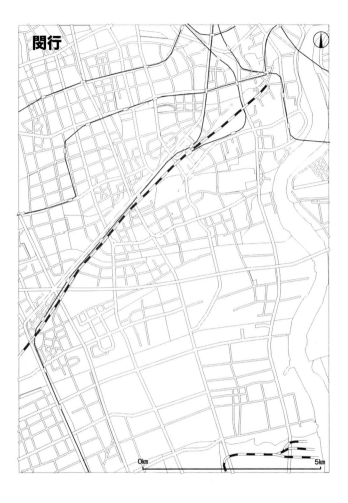

【白地図】七宝

CHINA
上海

【白地図】松江

CHINA
上海

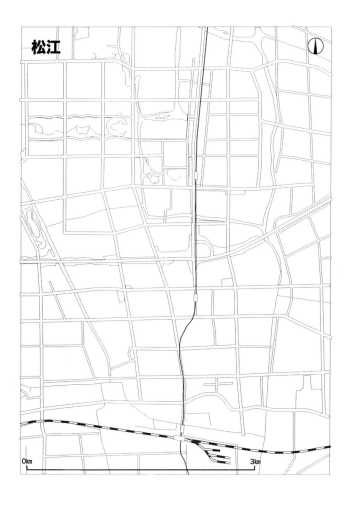

【白地図】松江郊外

CHINA
上海

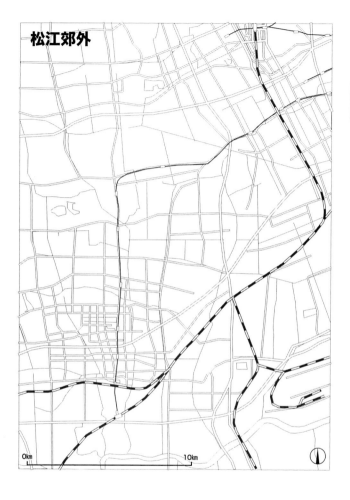

【白地図】嘉定旧市街

CHINA
上海

Shanghai 白地図

【白地図】嘉定新城

CHINA
上海

嘉定新城

Shanghai　白地図

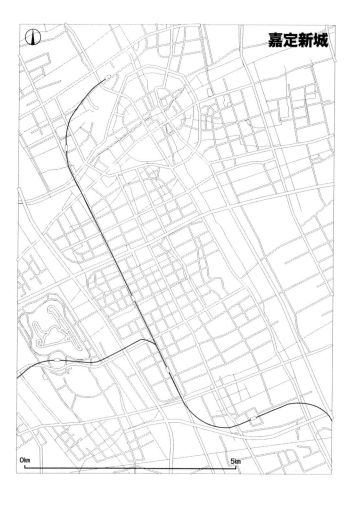

【白地図】上海市街北西部

上海市街
北西部

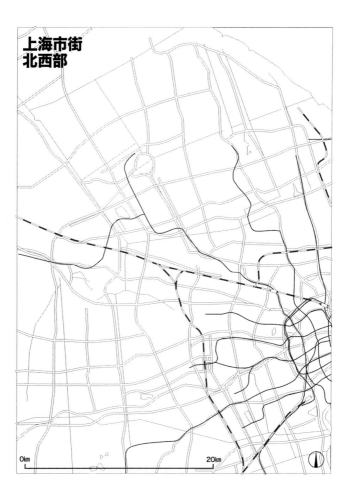

Shanghai 白地図

【白地図】宝山

CHINA
上海

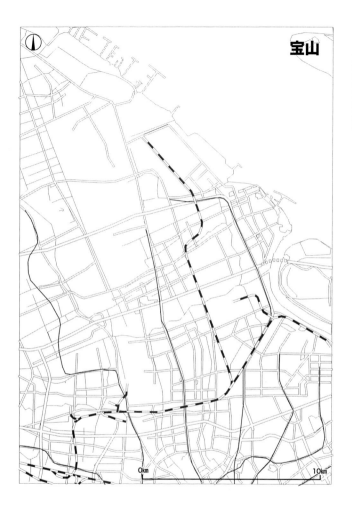

宝山

Shanghai 白地図

【白地図】宝山中心部

CHINA
上海

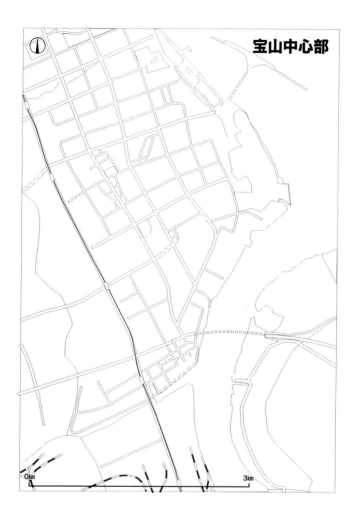

CHINA
上海

【まちごとチャイナ】

上海 001 はじめての上海

上海 002 浦東新区

上海 003 外灘と南京東路

上海 004 淮海路と市街西部

上海 005 虹口と市街北部

上海 006 上海郊外（龍華・七宝・松江・嘉定）

上海 007 水郷地帯（朱家角・周荘・同里・甪直）

1990年代からはじまった高度成長で、上海は高層ビルが林立し、中国経済を牽引する大都市へと変貌をとげた。黄浦江沿いの外灘、その対岸の浦東から、街は郊外の閔行、呉淞、松江、金山、嘉定、安亭などの衛星都市へと拡大を続けている。

アヘン戦争後の1842年に開港された上海中心部に対して、松江や嘉定には上海市街が形成される前から都市がおかれていた。明清時代、長江デルタの東端に位置する肥沃な土地で育まれたこれらの都市は、「江南の中心地」蘇州に準ずる商業

上海郊外
上海郊区 shǎng hǎi jiāo qū

Around Shanghai

地として繁栄を見せていた。

　こうした上海郊外では20世紀末から大規模な開発が進み、新市鎮と言われるニュータウンが現れるようになった。F1用のサーキットや自動車城、大学がならぶ学園都市などが見られ、多くの外資系企業も進出している。

【まちごとチャイナ】

上海 006 上海郊外

目次

上海郊外	xxviii
上海市街から郊外へ	xxxiv
龍華城市案内	xliii
閔行城市案内	liii
七宝城市案内	lix
松江城市案内	lxvi
金山城市案内	lxxxiii
嘉定城市案内	lxxxvi
宝山城市案内	cii
上海の産業いま昔	cxiii

【MEMO】

【地図】長江デルタと上海

【地図】長江デルタと上海の [★★☆]
- [ ] 松江 松江ソンジィアン
- [ ] 杭州湾跨海大橋 杭州湾跨海大桥 ハンチョウワンクゥアハイダアチャオ
- [ ] 嘉定 嘉定ジィアディン
- [ ] 長江 长江 cháng jiāng チャンジィアン

【地図】長江デルタと上海の [★☆☆]
- [ ] 金山 金山ジンシャン
- [ ] 杭州湾 杭州湾ハンチョウワン
- [ ] 宝山 宝山バオシャン
- [ ] 崇明島 崇明岛チョンミンダオ

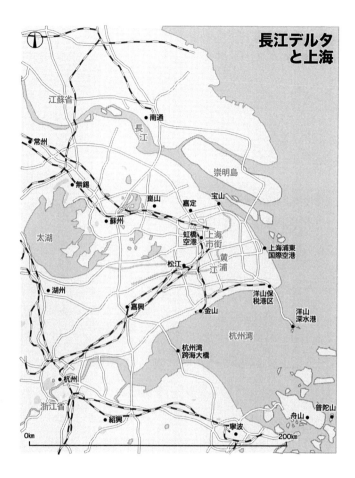

上海市街から郊外へ

CHINA
上海

長いあいだ、現在の上海市は松江府と呼ばれていた
20世紀末からの開発を受け
農村だったところが一大工業地域に変貌しつつある

拡大する上海首都圏

鄧小平の南巡講話(「改革開放を加速せよ」)を受けて1990年代から上海の再開発は本格化した。市街中心の集合住宅里弄はとり壊され、そこに暮らしていた人々が郊外の新しい高層マンションへ移住するということが続いている。上海の開発は郊外へと拡大し、現在では上海市に隣接する江蘇省、浙江省とともに長江デルタ経済圏をつくっている。2012年の『上海市統計年鑑』によれば上海市の常住人口は2380万人、そのうち戸籍人口1427万人となっている(2000年は常住人口1609万人、戸籍人口1321万人だった)。

▲左　都市上海が形成される以前からの街並みが残る嘉定。　▲右　F1が開催される上海国際サーキット、「上」の字型のコース

「上海以前の上海」訪ねて

上海の「衛星都市」松江や嘉定の旧市街には仏塔がそびえ、伝統的な中国都市の街区を今でも残している。唐代には松江の位置に海岸線が走っていたこともあり、海上交易が栄えたほか、明代、松江や嘉定は隣接する蘇州文化に影響されて繁栄をきわめた。明代の南京を中心とする南直隷には、蘇州府、松江府、常州府などがおかれ、松江や嘉定の城市には中央から官吏が派遣されていた（上海の発展がはじまったとき、上海は松江府上海県の行政区分だった）。そうした城市の周囲に位置したのが、七宝や南翔などの鎮で、そこでは周辺農村

CHINA
上海

から集まった物産の取引が行なわれていた。

上海に流入する人々

19世紀以来、上海は江蘇省や浙江省など隣接する地域から移住してきた人々によって発展してきた。こうしたなか改革開放がはじまった1980年代以降、高い所得を求める出稼ぎ労働者が増え続け、現在では安徽省、四川省、江西省などからも人が集まっている(また文革のときに農村へ下放された上海の知識人も改革開放がはじまると、この街へ戻ってきた)。上海のなかでも郊外の閔行、嘉定、松江などは出稼ぎ労働者

▲左　七宝では小吃を味わいたい。　▲右　松江の北部に立つ佘山聖母大聖堂

の比率が高く、多くの人が工場や建設現場で働いている。

上海市の地形

上海市の位置する長江デルタは、長江と太湖から流れる婁江、東江、松江（蘇州河）などが運ぶ土砂によってつくられた。上海の地は大昔は海の底で、唐代の700年ごろに海と接する海岸線となり、やがて浦東にも砂州が現れた（かつて太湖から流れる河川は直接、海に流れ込んでいた）。海岸線は現在も、年間20〜40m（40〜46年で1km）のペースで沖へと伸び、長江デルタでは海抜2〜5mの平坦な平野が続いている。

【地図】長江河口部の [★★☆]
- [ ] 長江 长江 チャンジィアン

【地図】長江河口部の [★☆☆]
- [ ] 崇明島 崇明岛 チョンミンダオ

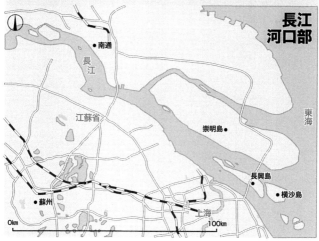

【地図】上海郊外の [★★☆]

- [ ] 七宝 七宝チイバオ
- [ ] 松江 松江ソンジィアン
- [ ] 嘉定 嘉定ジィアディン
- [ ] 上海国際サーキット 上海国際赛车场 シャンハイグゥオジイサイチャチャン
- [ ] 長江 长江チャンジィアン

【地図】上海郊外の [★☆☆]

- [ ] 閔行 闵行ミンハン
- [ ] 安亭 安亭アンティン
- [ ] 古猗園 古猗园グウイイユゥエン
- [ ] 真如寺 真如寺チェンルウスー
- [ ] 宝山 宝山バオシャン

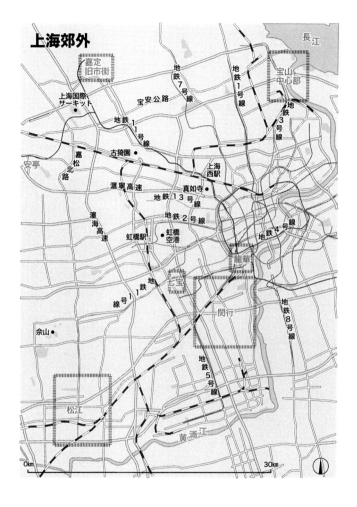

【MEMO】

CHINA
上海

Guide, Long Hua
龍華
城市案内

美しい八角形の塔をもつ龍華寺

各種のイベントが開かれる上海体育館や上海体育場

上海南駅は南方各都市への拠点にもなる

龍華寺 龙华寺 lóng huá sì ロンフゥアスー ［★★☆］

上海南部に残る龍華寺は上海を代表する天台宗の古刹で、唐代に創建され、その後、戦乱で荒廃したのち、宋代に再建された。大雄宝殿を中心に弥勒殿、天王殿と7つの堂が軸線にならぶ伽藍は、宋代の様式を今に伝える（1960年代の文化大革命で破壊されたのち再現された）。唐末、布袋和尚が坐して瞑想したという場所に吉祥樹が立つほか、「滬上八景（上海八景）」に数えられた龍華晩鐘で知られる明代（1370年）鋳造の鐘が残る。

【地図】龍華

【地図】龍華の [★★☆]
- [ ] 龍華寺 龙华寺 ロンフゥアスー
- [ ] 龍華塔 龙华塔 ロンフゥアタア

【地図】龍華の [★☆☆]
- [ ] 龍華烈士陵園 龙华烈士陵园 ロンフゥアリエシィリンユゥエン
- [ ] 上海体育館 上海大舞台 シャンハイダアウウタイ

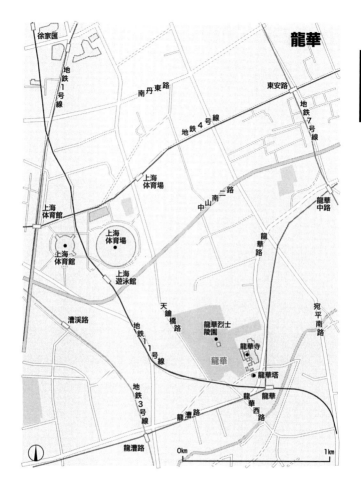

上海

龍華塔 龙华塔 lóng huá tǎ ロンフゥアタア ［★★☆］

龍華寺の前方に立つ龍華塔は、八角形のプランをもち、高さ41m、7層からなる。中国に仏教が伝来してからしばらくした三国時代（3世紀）、呉の孫権によって建てられたと伝えられ、現在のものは北宋初期に建てられたものを受け継ぐという。

▲左　龍華塔、創建は三国時代（3世紀）にさかのぼる。　▲右　きれいに整備された龍華烈士陵園

龍華烈士陵園 龙华烈士陵园 lóng huá liè shì líng yuán
ロンフゥアリエシィリンユゥエン［★☆☆］

1949年の中華人民共和国成立にいたるまでに生命を落とした人々をまつる龍華烈士陵園。龍華寺西側の桃樹園があったところで、1928年、南昌起義でなくなった共産党員をこの地に埋葬したことで現在の礎がつくられた。上海南部のこのあたりには、蒋介石の国民党政府時代、軍事裁判所と刑場がおかれていた歴史もある。

上海

龍華にあった江南製造局

太平天国の乱(1851〜64年)の鎮圧にあたって、それまでの清朝の軍隊が力を発揮できず、上海に拠点をおく西欧の軍隊や武器が活躍した。こうした実情を受けて、清朝官吏の曽国藩や李鴻章は、西欧の武器や技術、制度を導入する洋務運動を進めた。1870年、曽国藩によって、上海南部の龍華の地が購入され、弾薬、導火線などを生産する官営軍需工場が設立された(曽国藩に登用された李鴻章は、太平天国の乱の鎮圧のなかで上海での地位を確固たるものにし、のちに北洋大臣に就いている)。

▲左　コンサートなども開かれる上海体育館。　▲右　広東省や福建省方面へのアクセス拠点となる上海南駅

上海体育館 上海大舞台 shàng hǎi dà wǔ tái
シャンハイダアウウタイ［★☆☆］

高さ33m、直径110mの円形ドーム型をした上海体育館。1万8千人を収容し、卓球やバスケットなどのスポーツイベント、外国人アーティストの上海公演なども開かれる。隣接する馬鞍型の上海体育場は8万人を収容し、陸上競技やサッカーなどが行なわれる。

上海南駅 上海南站
shàng hǎi nán zhàn シャンハイナンチャアン [★☆☆]

直径200mになる巨大な円形の外観をもつ上海南駅。上海の南側の玄関口となっていて、福建省や広東省などの各都市と結ばれている。租界時代、この上海南駅の近くにあった滬杭甬鉄道の駅を前身とする（上海と杭州を結んだ）。

龍華城市案内

上海植物園 上海植物园 shàng hǎi zhí wù yuán
シャンハイチイウウユゥエン [★☆☆]

上海南部に広がる中国最大規模の上海植物園。盆栽がおかれた盆景園、牡丹園（牡丹は中国の国花）、薔薇園、竹園などのエリアからなる。3500種6000もの品種が栽培され、なかにはサボテンなどの希少品種も見られる。

【MEMO】

Guide, Min Hang
閔行
城市案内

上海市街に隣接する閔行
虹橋とともに上海で最初の開発区がおかれ
現在では上海市街と一体化している

閔行 闵行 mǐn háng ミンハン ［★☆☆］
上海市街の中心部から南西30kmに位置する閔行。閔行は1958年に上海の衛星都市として築かれ、1984年、この地に漕河涇開発区が設置された（古く漕河涇には渡し場があった）。黄浦江を通って大型船舶がここまで遡行でき、バイオや新素材をあつかう研究機関、電気部品などの外資が集まる。

黄道婆紀念館 黄道婆紀念館 huáng dào pó jì niàn guǎn
ファンダオポオジイニィエングァン ［★☆☆］
綿紡績技術をこの地に伝えた黄道婆に関する黄道婆紀念館。

【地図】閔行

【地図】閔行の [★☆☆]

- [ ] 上海南駅 上海南站 シャンハイナンチァアン
- [ ] 上海植物園 上海植物园 シャンハイチイウウユュエン
- [ ] 閔行 闵行 ミンハン
- [ ] 黄道婆紀念館 黄道婆纪念館 ファンダオポオジイニィエングァン
- [ ] 錦江楽園 锦江乐园 ジンジャンラァユュエン

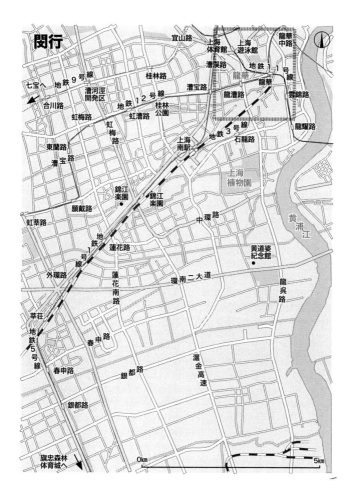

CHINA
上海

黄道婆は宋末元初ごろ、上海南西部の松江に生まれ、家族の虐待から逃れて海南島へおもむいた。黄道婆はそこで黎族から紡織の技術を30年かけて学び、その技術を松江（上海）の地に伝えた。こうして松江の人々は紡車道具や工芸的手法で優れた文様布を織り、やがて「松江大布」として中国全土に知られるようになった（中国農村部の綿工業は、松江府を中心に展開した）。黄道婆紀念館は、「黄おばさん」の愛称で親しまれている黄道婆を記念して1730年、龍華の地に建てられた黄母祠をはじまりとし、閔行のほか、上海植物園内にも黄道婆紀念館が位置する。

▲左　閔行に位置する七宝は1000年の伝統をもつ。　▲右　市街に隣接する閔行には最初に衛星都市がおかれた

錦江楽園 锦江乐园 jǐn jiāng lè yuán ジンジャンラァユウエン[★☆☆]

錦江楽園は多くの来場者を集める上海の遊園地。巨大な観覧車「上海大転盤」、ジェットコースター「摩託過山車」、ファンタジー世界に触れられる「歓楽世界」、ボートに乗って旅する「峡谷漂流」などのアトラクションがある。

旗忠森林体育城 旗忠森林体育城网球中心
qí zhōng sēn lín tǐ yù chéng wǎng qiú zhōng xīn
チイチョンセンリンティユウチャンワンチィウチョンシン[★☆☆]

旗忠森林体育城はアジア最大規模のテニス場。8枚の花びらが開くような屋根をもつ建物となっている。

【MEMO】

Guide, Qi Bao
七宝城市案内

七宝は上海市街にもっとも近い水郷
現在では市街とひとつながりになり
運河を進む遊覧船の姿も見られる

七宝 七宝 qī bǎo チイバオ [★★☆]

七宝はかつて運河として利用された水路の岸辺に発展し、七宝老街は1000年の伝統をもつ。人がふれあうほどの細い路地、また老街の中心を東西に走る水路にかかる橋など、上海が形成される以前からの江南の様子を感じられる。七宝という名前は、1008年、この地の仏教寺院が皇帝から七宝教寺の名をたまわったことに由来する。

【地図】七宝

【地図】七宝の [★★☆]
- [ ] 七宝 七宝チイバオ
- [ ] 南大街 南大街ナンダアジエ

【地図】七宝の [★☆☆]
- [ ] 七宝教寺 七宝教寺チイバオジャオスー

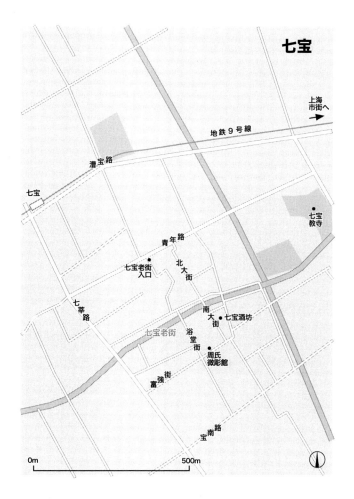

上海

南大街 南大街 nán dà jiē ナンダアジエ ［★★☆］

南大街は七宝老街の中心を南北に走り、石畳の細い路地の両脇にはさまざまな料理店がならぶ。餡入りのもち米団子「老街湯圓」、江南名物の豚もも肉の醤油煮「醤蹄髈」、あひるの春雨スープ「老鴨粉糸」、れんこんのもち米詰め「糯米藕」などが七宝名物の小吃として知られる。また自家製の酒を売る七宝酒坊、ミニチュアが展示された周氏微彫館も近くに位置する。

▲左 「南船北馬」、江南では運河が交通網として使われてきた。　▲右　細い路地の両脇にずらりと店がならぶ南大街

七宝教寺 七宝教寺
qī bǎo jiào sì チイバオジャオスー [★☆☆]

七宝老街の東側に位置する七宝教寺。七宝という地名の由来になった仏教寺院で、運河沿いからも見える七重の塔がそびえる（宋代の1008年、皇帝から七宝教寺の名前をたまわった）。

CHINA
上海

豊かな穀倉地帯

七宝をふくむ長江デルタ地帯は、長江と太湖の排水によってつくり出された中国屈指の穀倉地帯と知られてきた。とくに12世紀、南宋が杭州に都をおいてから、この地域一帯の開墾、治水が進んだ。明代の1393年、蘇州府と松江府（現在の上海市に相当する）のふたつの府で、中国全体の税米の15%をおさめるなど、「江蘇熟せば天下足る」という言葉も知られるようになった。また蘇州府や松江府の農地の多くが官田とされ、王朝が直接、生産や収穫に関与した。

Guide, Song Jiang
松江
城市案内

CHINA 上海

19世紀に上海が発展する以前
この地域の中心は松江にあり
明清代の松江府がちょうど現在の上海市に相当する

松江 松江 sōng jiāng ソンジィアン ［★★☆］

上海市街の南東40kmに位置する松江は、この地域屈指の古都として知られ、その地名は太湖を水源とする河川「松江」に由来する。唐代までは蘇州に属し、751年に華亭県がおかれ、海上交通の発展とともに元代の1278年、松江府となった（松江の近くに海岸線があり、海港として栄えた）。蘇州に近いところからその影響を強く受けて豊かな江南文化が育まれ、とくに明代、松江産の綿は中国全土に知られていた。松江の繁栄は、近代以降、上海に受け継がれたが、上海の拡大とともに衛星都市としての松江が注目されるようになっている。

松江方塔 松江方塔
sōng jiāng fāng tǎ ソンジィアンファンタア [★☆☆]

松江旧市街に立ち、方塔の名前で知られる興聖教寺塔。五代十国時代の949年、呉越王によって創建され、北宋の11世紀後半に現在の原型ができた（3層目の西壁にある坐仏が知られる）。9層からなる高さ48.5mの方塔のほか、池を中心に楼閣や亭がならび、あたりは公園として整備されている。

照壁 照壁 zhào bì チャオビイ [★☆☆]

方塔のそばには、彫刻がほどこされた高さ4.75m、幅15m

【地図】松江

【地図】松江の [★★☆]
- [ ] 松江 松江ソンジィアン

【地図】松江の [★☆☆]
- [ ] 松江方塔 松江方塔ソンジィアンファンタア
- [ ] 照壁 照壁チャオビイ
- [ ] 石経幢 石経幢シイジンチュアン
- [ ] 廟前街 庙前街ミャオチィエンジエ
- [ ] 酔白池 酔白池ズイバイチイ
- [ ] 松江新城 松江新城ソンジィアンシンチャン

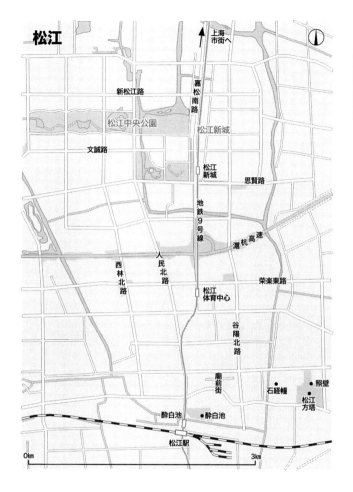

【地図】松江郊外

【地図】松江郊外の ［★★☆］
- ☐ 松江 松江ソンジィアン
- ☐ 七宝 七宝チイバオ

【地図】松江郊外の ［★☆☆］
- ☐ 酔白池 酔白池ズイバイチイ
- ☐ 松江新城 松江新城ソンジィアンシンチャン
- ☐ 佘山国家森林公園 佘山国家森林公园
  シェエシャングゥオジィアセンリンゴンユゥエン
- ☐ 佘山聖母大聖堂 佘山圣母大教堂
  シェエシャンシェンムウダアジャオタン
- ☐ 上海天文博物館 上海天文博物馆
  シャンハイティエンウェンボォウグァン
- ☐ 上海影視楽園 上海影视乐园
  シャンハイインシイラァユゥエン
- ☐ 旗忠森林体育城 旗忠森林体育城网球中心
  チイチョンセンリンティイユウチャンワンチィウチョンシン

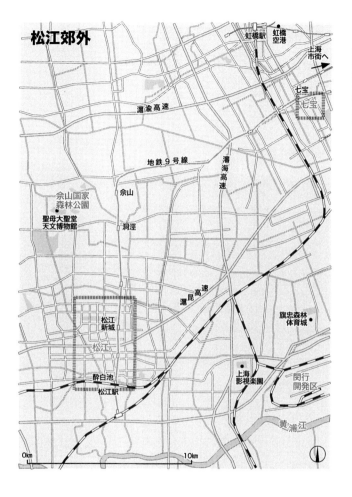

の照壁が見られる。これは1370年に創建された松江の城隍廟の照壁で、城隍廟は日中戦争で消失し、照壁だけが残ることになった(照壁は中国建築の玄関におかれ、悪い気の流れをふせぐとされた)。

石経幢 石经幢 shí jīng chuáng シイジンチュアン [★☆☆]
石経幢は上海に現存するもっとも古い建造物で、唐代の859年に創建された。病気になった子どもの回復を祈った母親による建立と伝えられ、高さ9.3mの身には経文(陀羅尼経)が刻まれている。唐代、このあたりが松江の中心にあたったという。

Shanghai 松江城市案内

▲左 「小蘇州」とたたえられた上海、長いあいだ松江府の名で知られていた。
▲右 開発が進む松江、外資系企業の進出も多い

廟前街 庙前街 miào qián jiē ミャオチィエンジエ ［★☆☆］

明清時代を思わせる2階建ての建物が続く廟前街。古都松江の往時を彷彿とさせる通りで、ずらりと商店が軒をつらねる。松江の食卓では、古くからスズキのほか、鯉や鮒といった淡水魚が好まれてきた。

酔白池 醉白池 zuì bái chí ズイバイチイ ［★☆☆］

酔白池は、清の順治帝時代（1643〜61年）の官吏顧大申が造営した庭園。蘇東坡が記した『酔白堂記』からその名がとられ、北宋の宰相韓埼が実際に建てた酔白堂に影響を受けた

CHINA
上海

ものだという。上海を代表する庭園のひとつで、蓮池を中心に水上草堂（水閣）が立ち、亭、楼閣や回廊、奇石や草花が配されている。園主の顧大申は酒を飲み、詩を書いて晩年を過ごした白楽天の生活に憧れ、自身もこの庭園を眺めながら詩作にふけったという。明清代、松江府は多くの官吏を輩出しているが、その人々を紹介する『雲間邦彦図』も見られる。

Shanghai 松江城市案内

郷紳と禅堂

明清時代の江南地方では、郷紳と呼ばれる地主階級が台頭し、科挙に合格した官吏とならぶ力をもっていた。明末、松江府の郷紳の豊かさは江南随一とも言われ、郷紳は商業で稼いだお金で地元の治安維持や公共事業にもあたった。官吏の庭園をはじまりとする酔白池も、清代の1797年に親のいない子どもたちを養育するための施設「育嬰堂」となった経緯がある。こうした施設を善堂と呼び、医療をほどこしたり、身寄りのない死者を葬るなど慈善事業が行なわれた。

松江新城 松江新城
sōng jiāng xīn chéng ソンジィアンシンチャン [★☆☆]

松江新城は松江旧市街の北側につくられたニュータウンで、上海の衛星都市の一角を構成する。工業地域やハイテク科学技術区、また大学が集まる学園地区などからなり、外資系企業も多く集まる。松江には、中国各都市と空路で結ばれた虹橋空港に近いといった利点があるという。

▲左　西佘山の頂部で天体の観測が行なわれてきた。　▲右　上海市民が森林浴に訪れる佘山国家森林公園

佘山国家森林公園 佘山国家森林公园
shé shān guó jiā sēn lín gōng yuán
シェエシャングゥオジィアセンリンゴンユゥエン　[★☆☆]

松江北の佘山鎮に位置する佘山国家森林公園。豊かな自然が残る公園は東佘山園と西佘山園からなり、上海の人々が週末などに訪れる（楼閣や教会などが集まる西佘山の標高は99m）。近くには遊園地「上海歓楽谷（上海ハッピーバレー）」も位置する。

佘山聖母大聖堂 佘山圣母大教堂 shé shān shèng mǔ dà jiào táng シェエシャンシェンムウダアジャオタン [★☆☆]

西佘山の山頂に立ち、美しい尖塔を見せる佘山聖母大聖堂。1863年に創建された教会をはじまりとし、現在の建物は1935年に竣工した。レンガで組まれた西欧風建築は「無木、無釘、無鋼、無梁（木材や釘、鋼や梁を使っていない）」とたとえられる。

上海天文博物館 上海天文博物馆 **shàng hǎi tiān wén bó wù guǎn** シャンハイティエンウェンボォウウグァン [★☆☆]

20世紀初頭、東洋最大と言われた40cmの双筒式屈折望遠鏡ほか、明代の渾天儀、天球儀などが見られる上海天文博物館。1872年、イエズス会がこの地に天文台を建設し、その後、1900年に余山天文台がおかれた経緯をもつ。長らく中国科学院天文台の観測所があったが、やがて21世紀に入って上海天文博物館が開館した。

上海影視楽園 上海影视乐园 shàng hǎi yǐng shì lè yuán
シャンハイインシイラァユゥエン ［★☆☆］

映画のオープンセットと観光施設が一体化した上海影視楽園。路面電車や馬車が行く20世紀初頭の上海の街並みが再現され、外灘、南京路や里弄などのセットが見られる。ここで映画やテレビドラマが撮影されている。

【MEMO】

Guide,
Jin Shan
金山
城市案内

上海市南部に位置する金山
浙江省へ続く杭州湾が広がり
上海とこの地域の一体化も加速している

金山 金山 jīn shān ジンジャン ［★☆☆］

美しい砂浜をもつ浜辺が広がり、上海の衛星都市を構成する金山。金山の歴史は、明代、倭寇の襲撃に対する防御拠点（金山衛）がおかれたことにはじまり、当時、造営された城壁の一部が残っている。また鮮やかな色彩で、中国農村や家族の様子をいきいきと描いた金山の農民画も知られる（文革のとき、都市に暮らす画家がこの地へ下放され、そこで絵画の技術を伝えたという）。

CHINA
上海

杭州湾 杭州湾 háng zhōu wān ハンチョウワン ［★☆☆］
らっぱ状の湾のかたちをし、銭塘江が流れ込んでいる杭州湾。水深が浅く、干満の差が激しいことから海嘯と呼ばれる逆流現象が起こる（海から銭塘江へ流れが逆流する）。ここは1937年の第二次上海事変の際、4万人の日本軍が上陸した場所でもあり、金山衛城南日軍登陸地点も残る（日中戦争が上海から内陸部へ拡大することになった。このとき上海虹口では「日軍百万上陸」のアドバルーンがあがったという）。

▲左　杭州湾跨海大橋の登場で上海と寧波の一体化も進む。　▲右　杭州湾、濁った黄色の海面が見える

杭州湾跨海大橋 杭州湾跨海大桥 háng zhōu wān kuà hǎi dà qiáo ハンチョウワンクゥアハイダアチャオ ［★★☆］

杭州湾をはさんで上海と対岸の寧波を結ぶ杭州湾跨海大橋。海上にかかる全長36km、幅33mの長大な橋で、この橋によって上海と寧波の距離は120km短縮されたという。また橋の上海側のたもとに位置する乍浦（浙江省）は寧波とならんで中国と日本を結ぶ港として知られてきた。

Guide, Jia Ding
嘉定
城市案内

嘉定は上海が発展する以前から県城がおかれてきた古都
街の中心には法華塔が立つなど古都の面影を残し
また上海を代表するニュータウンも位置する

嘉定 嘉定 jiā dìng ジィアディン [★★☆]

上海から北西30kmに位置し、江蘇省に隣接する嘉定。南宋の1217年に県城がおかれ、以後の元代、明代を通じて西の蘇州と南の上海、松江を結ぶ水路網の要衝にあたった（江南の米を北京に運ぶ劉家港に近い土地柄から人口が流入した）。19世紀以来、上海の台頭にともなって没落したが、1958年に江蘇省から上海市に編入され、上海の衛星都市として再び注目を集めるようになった。とくに嘉定新城には多くの外資系企業が集まり、高層ビルや高級住宅とともに新たなニュータウンをつくっている。

嘉定県城の構造

明代より続く円形の街区を今でも残す嘉定の旧市街。東西と南北の水路が交わる十字路を起点にそこから四隅には水門があり、円形の城廓と内外城堀がめぐらされていた(水路を通じて周辺農村から船が集まり、市が立っていた)。倭寇に対する防御拠点にもなり、蘇州などが方形の城壁をもつのに対して、嘉定や上海旧城は円形の城壁をもっていた。また嘉定の水路では、海に近いことから干満の影響を受けて水が流れていたという。

【地図】嘉定旧市街の [★★☆]
- [ ] 嘉定 嘉定ジィアディン

【地図】嘉定旧市街の [★☆☆]
- [ ] 城中街 城中街チャンチョンジエ
- [ ] 法華塔 法华塔ファアフゥアタア
- [ ] 秋霞圃 秋霞圃チウシィアプウ
- [ ] 孔廟 孔庙コンミャオ
- [ ] 匯龍潭 汇龙潭フイロンタン

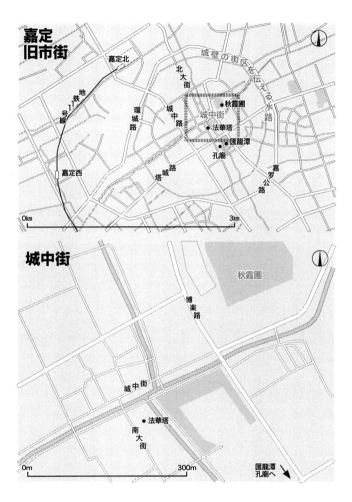

城中街 城中街 chéng zhōng jiē チャンチョンジエ [★☆☆]
嘉定旧市街の東西の水路に沿って走る城中街。明清時代の面影を感じられる歩行街として整備され、商店や露店がならぶ。また白壁、黒瓦の江南式の住宅、水路にかかる橋が水郷の情緒を伝えている。

法華塔 法华塔 fǎ huá tǎ ファアフゥアタア [★☆☆]
東西と南北の水路が交わる嘉定の中心部に立つ法華塔。南宋の1205～07年に建てられた四面の七重の仏塔で、四方から見渡せるこの街のシンボルとなってきた。古くからこのあた

▲左　嘉定旧市街の中心を走る城中街、宋代以前から市が立っていたという。
▲右　嘉定の孔廟は江南随一の規模をもつ

りに市が立ち、明清時代には嘉定でもっともにぎわう場所だった（堆積作用で形成された長江デルタの街は、標高が低く平面的なため、塔を建てることで立体的な空間が演出された）。

秋霞圃 秋霞圃 qiū xiá pǔ **チウシィアプウ**　[★☆☆]

明代の正徳・嘉正年間、官吏龔宏の私邸として造園された秋霞圃（龔氏庭園）。明代以来、嘉定の知識人や官吏がこの庭園で詩を詠んだり、酒を飲んだりした。清代、「都市の神様」をまつる城隍廟の後庭となり、現在は上海五大庭園のひとつ

として知られる（ほかに豫園、松江の酔白池、青浦の曲水園、南翔の古猗園）。

孔廟 孔庙 kǒng miào コンミャオ [★☆☆]
南大街に位置し、「学問の神様」孔子がまつられた孔廟（文廟）。南宋の1219年に創建された歴史をもち、「呉中第一（江南最大規模）」の文廟とたたえられてきた。敷地内には廟の中心にあたる大成殿、学問が講じられた明倫堂、論語が刻まれた石碑が残る。

匯龍潭 汇龙潭 huì lóng tán フイロンタン ［★☆☆］

孔子廟に隣接した公園の匯龍潭。池（匯龍潭）を中心に、楼閣や亭、樹木が配された江南式の庭園となっている。

嘉定新城 嘉定新城
jiā dìng xīn chéng ジィアディンシンチャン ［★☆☆］

嘉定新城は上海の衛星都市として建設されたニュータウン。北の嘉定旧市街と西の安亭に通じる地理をもち、工業、物流、商業、居住エリアが一体となっている。

【地図】嘉定新城

【地図】嘉定新城の [★★☆]
- [ ] 嘉定 嘉定ジィアディン
- [ ] 上海国際サーキット 上海国际赛车场 シャンハイグゥオジイサイチャチャン

【地図】嘉定新城の [★☆☆]
- [ ] 法華塔 法华塔ファアフゥアタア
- [ ] 嘉定新城 嘉定新城ジィアディンシンチャン
- [ ] 保利大劇院 保利大剧院バオリイダアジュウユゥエン

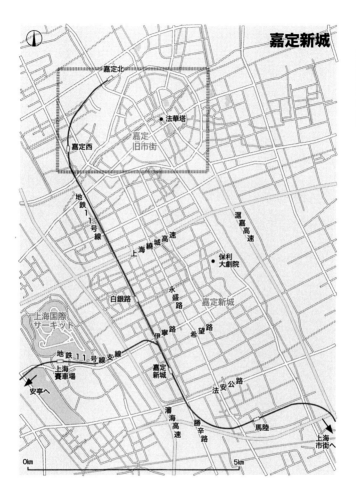

上海

保利大劇院 保利大剧院
bǎo lì dà jù yuàn バオリイダアジュウユゥエン [★☆☆]
保利大劇院は嘉定新城の中心部に立つオペラ・ハウス。水辺に浮かぶように立つことから水景劇場とも呼ばれ、オフィス・タワーを併設する。

上海国際サーキット 上海国际赛车场 **shàng hǎi guó jì sài chē chǎng シャンハイグゥオジイサイチャチャン** [★★☆]
自動車産業が集積する上海国際汽車城の一角に位置する上海国際サーキット。長さ5.4kmのコースは「上」の字をもとに

▲左 20万人の観客を収容する上海国際サーキット。　▲右　大規模な開発が進む嘉定新城

デザインされ、「上海」と「乗勢而上（勢いに乗って進む）」が意味されているという。2004年以来、中国F1グランプリがここで開催され、20万人の観客を収容する。サーキットのすぐ近くに自動車博物館が位置する。

安亭 安亭 ān tíng アンティン［★☆☆］

上海市北西部の安亭には、自動車工場、貿易区、研究施設が集まり、「上海国際汽車城（自動車タウン）」として知られている。この安亭には1980年代から自動車産業の集積が進み、現在は中国を代表する自動車城となっている（安亭の開発に

あたって、税制を優遇することで外資が呼び込まれた)。自動車産業にたずさわる多くの人がこの街に暮らしている。

南翔 南翔 nán xiáng ナンシィアン [★☆☆]
嘉定の南部に位置する南翔(県城の周囲に点在する鎮として歩んできた)。「スープ入りの饅頭」小籠包は、清代、この地の点心専門店によってつくられた。1900年、南翔饅頭店は上海市街の豫園に進出し、以来、上海名物として人々に親しまれるようになった。

古猗園 古猗园 gǔ yī yuán グウイイユゥエン ［★☆☆］

明代、閔士籍によって造園された古猗園（猗園という名前は詩経の「緑竹猗猗」に由来する）。1937年に日本軍によって破壊の憂き目にあったが、1959年に再建され、現在にいたる。

真如寺 真如寺 zhēn rú sì チェンルウスー ［★☆☆］

上海市街から北西部の普陀区に位置する仏教寺院。創建は元代の1320年にさかのぼり、その後、破壊と再建を繰り返してきた。現在は白い壁、黒屋根で構成された伽藍と八層の仏塔が見られる。

【地図】上海市街北西部

【地図】上海市街北西部の [★★☆]
- ☐ 嘉定 嘉定ジィアディン
- ☐ 上海国際サーキット 上海国际赛车场 シャンハイグゥオジイサイチャチャン
- ☐ 長江 长江チャンジィアン

【地図】上海市街北西部の [★☆☆]
- ☐ 嘉定新城 嘉定新城ジィアディンシンチャン
- ☐ 安亭 安亭アンティン
- ☐ 南翔 南翔ナンシィアン
- ☐ 古猗園 古猗园グウイイユゥエン
- ☐ 真如寺 真如寺チェンルウスー
- ☐ 宝山 宝山バオシャン
- ☐ 上海南駅 上海南站シャンハイナンチャアン
- ☐ 七宝 七宝チイバオ

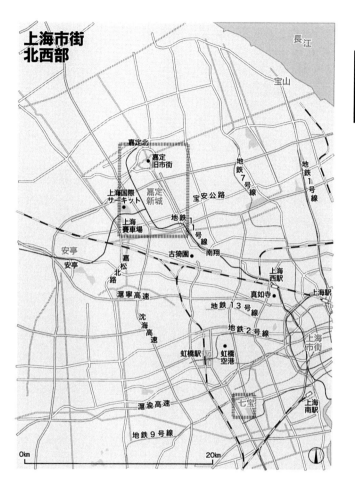

Guide, Bao Shan

宝山
城市案内

悠久の流れを見せる長江
上海はその長江から遡行した黄浦江の岸辺に発展した
黄浦江が長江に合流する地点にあたる宝山

宝山 宝山 bǎo shān バオシャン [★☆☆]

長江に面した上海市北部に位置する宝山。長いあいだ西の嘉定に属していたが、清代の1725年に宝山県として独立した。ここは長江から黄浦江をさかのぼって上海市街へ入る船が、必ず通った呉淞口がある要衝となっていた（中国ではじめて敷かれた鉄道は、上海市街と呉淞を結ぶものだった）。現在では宝山製鉄所で働く人々とその家族が暮らす鉄鋼の街としても知られる。

宝山製鉄所 宝山钢铁
bǎo shān gāng tiě バオシャンガンティエ ［★☆☆］

宝山製鉄所は新日鉄の協力のもと1978年に建設がはじまり、1985年に完成した。建設にあたっては日中共同の国家プロジェクトとして両国から5万人以上が動員され、当時の世界最新の技術水準をもつと言われた（1978年、鄧小平が君津製鉄所を視察して協力を要請）。この製鉄所の建設は山崎豊子『大地の子』のモデルとなったことでも知られる。長江の河口部から40kmさかのぼった地点に位置する。

【地図】宝山

【地図】宝山の [★★☆]
- [ ] 長江 长江 チャンジィアン

【地図】宝山の [★☆☆]
- [ ] 宝山 宝山 バオシャン
- [ ] 宝山製鉄所 宝山钢铁 バオシャンガンティエ
- [ ] 聞道園 闻道园 ウェンダオユゥエン
- [ ] 半島1919 半岛1919 バンダオヤオジィウヤオジィウ
- [ ] 呉淞砲台紀念遺址 吴淞炮台纪念遗址 ウウソンパオタイジイニィエンイイチイ

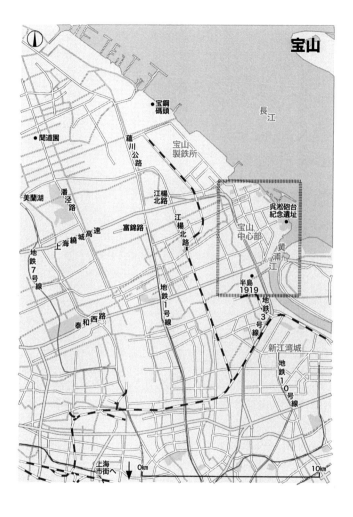

【地図】宝山中心部

【地図】宝山中心部の [★★☆]
- [ ] 長江 长江 チャンジィアン

【地図】宝山中心部の [★☆☆]
- [ ] 宝山 宝山 バオシャン
- [ ] 半島1919 半岛1919 バンダオヤオジィウヤオジィウ
- [ ] 呉淞砲台紀念遺址 吴淞炮台纪念遗址 ウウソンパオタイジイニィエンイイチイ

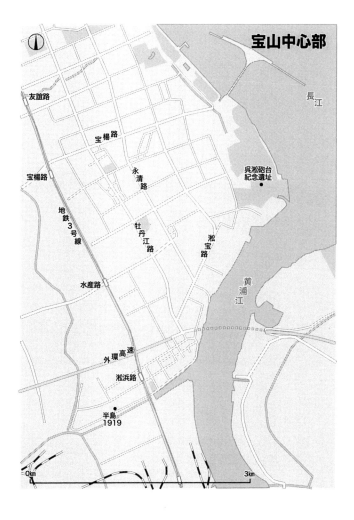

聞道園 闻道园 wén dào yuán ウェンダオユゥエン [★☆☆]

上海西部の安徽省から移された古民家が再現された聞道園（一度、解体されてから輸送され、組み直された）。安徽省独特の白壁、黒屋根の住宅のほか、清代の牌坊も見られる。

半島 1919 半岛 1919 bàn dǎo yāo jiǔ yāo jiǔ
バンダオヤオジィウヤオジィウ [★☆☆]

半島 1919 は、1919 年に建てられた紡績工場を利用した現代アートの発信地（黄浦江に流れ込む運河沿いには数多くの倉庫があった）。上海市街から少し離れた宝山を拠点に活動を

▲左　長江は沿海部と内陸部の交通網となってきた、写真は南京。　▲右　かつて農村が広がっていた上海郊外もすっかりさま変わりした

続けるアーティストのアトリエなどが集まる。

長江 长江 cháng jiāng チャンジィアン［★★☆］

長江は青海省を水源とし、四川盆地から華中、江南へと流れる中国最大の河川。長江が海に出る直前に支流黄浦江が合流し、その地理に目をつけた西欧人によって上海は発展してきた。華北の黄河とくらべて水運に利用されてきたことが特徴で、上海から内陸の南京、武漢、重慶といった都市を結ぶ黄金水道とも呼ばれる。長江の別名「揚子江」は揚州近くの渡し場あたりで使われていた言葉を19世紀以後、西欧人が使っ

て広まったことに由来する。

呉淞砲台紀念遺址 吴淞炮台纪念遗址
wú sōng pào tái jì niàn yí zhǐ
ウウソンパオタイジイニィエンイイチイ ［★☆☆］

黄浦江が長江に合流する地点に立つ呉淞砲台紀念遺址。明初の14世紀、この地にのろし台がもうけられ、その後、清代にはいると砲台の設置とともに要塞が築かれた。アヘン戦争で激戦が交わされた場所でもあり、1842年、呉淞の戦いに勝利したイギリスは黄浦江をさかのぼって上海へ進んだ（こ

のとき5日間にわたって略奪が行なわれた。イギリスは当初から上海の将来性を見越していたという)。

崇明島 崇明岛 chóng míng dǎo チョンミンダオ ［★☆☆］
崇明島は、長江河口部に位置する中国第3の島。古くはこのあたりには多数の小島があったが、7世紀以後、土砂の堆積が進み、明代には大きな島として浮かびあがった（長興島、横沙島などはいずれも20世紀になってから形成された）。上海長江大橋、上海長江隧道で長江北岸と南岸が結ばれ、両者の往来が進むようになっている。

上海の産業いま昔

明代、衣服革命にもたとえられた木綿の産地だった上海
工業化が進んだ20世紀以後
製鉄や自動車といった基幹産業の中心地にもなっている

「衣被天下」木綿

肌触りがよく、染色にも適していた木綿の衣服は、16世紀の明代、現在の上海市にあたる松江府を中心に広まった。松江府の農村綿工業が盛んになったのは、南方との海上交易を通じて海港があるこの地に木綿が移植されたこと、「木綿栽培」が盛んな華北と「織布」が発達していた華南のあいだにあたったこと、くわえて絹織物の盛んな蘇州の技術を吸収できたことがあげられる（衣服が麻から木綿に移るにあたって、原料、技術双方の地理的優位性があった）。こうしたところから「吾が松（松江府）綿布を以て天下を被ふ」と言われる

など、明清時代を通じて松江府(上海市)の綿布の質の高さは知られていた。

製鉄と宝山製鉄所

上海市北部に位置する宝山製鉄所は、20世紀末、中国の重工業発展のために日中協力で造営された。鉄鋼は建物や自動車、機械などに使用され、あらゆる産業の基幹になると言われる。製鉄は鉄鉱石、石炭などを溶鉱炉で溶かして銑鉄をとり出す「製銑工程」、製銑の不純物をとり除きながら鋼に変えていく「製鋼工程」、決められた寸法に延ばして加工する「圧

▲左　20世紀末から自動車タウンとして開発された上海国際汽車城。　▲右　長江デルタ東端の松江府、上海にはそのなかの一県城がおかれていた

延工程」からなる。宝山製鉄所ではこうした工程が行なわれ、上海や中国各都市へ輸送されている。

中国の自動車城

自動車産業が集積し、「上海国際汽車城」と呼ばれる上海郊外の安亭。自動車産業には高度な開発技術、幅広い裾野の部品産業、量産体制、またその供給に応える市場（需要）があって成り立つと言われる。中国では1953年から旧ソ連の援助のもと、トラック工場を建設し、以後、国営企業を中心に自動車産業が育成されてきた。とは言え、改革開放がはじまっ

CHINA
上海

た1980年ごろ、中国車とヨーロッパや日本車では燃費や故障率、騒音、技術などで大きな差があった。こうしたなか、中国は外国に門戸を開いて技術協力を求め、一方、外資系企業は安い労働力と巨大市場をもつ中国へと進出した(当初、技術の流出をさけるため、最新の技術だけは現地生産せず輸出で対応するといった対策がとられた)。

Shanghai 上海の産業いま昔

参考文献

『上海歴史ガイドマップ』(木之内誠編 / 大修館書店)

『ぶらり旅上海 松江の古を尋ねて』(高原 / 人民中国)

『<有望開発区を行く>上海市松江工業区』(金丸健二 / 中国経済)

『嘉定県城の都市空間と風水思想』(盧永春 / 地誌研年報)

『水郷都市嘉定の歴史』(鈴木充・盧永春 / 学術講演梗概集)

『ぶらり旅上海 古鎮とブドウとサーキット 嘉定』(高原 / 人民中国)

『中国自動車産業と日本企業』(関満博・池谷嘉一 / 新評論)

『新日鉄の中国戦略：宝山製鉄所の事例を中心に』(劉志宏 / 静岡産業大学論集)

『黄道婆とその時代の染織』(竹垣惠子 / 芸術)

『世界大百科事典』(平凡社)

［PDF］上海地下鉄路線図 http://machigotopub.com/pdf/shanghaimetro.pdf

［PDF］上海浦東国際空港案内 http://machigotopub.com/pdf/shanghaiairport.pdf

［PDF］上海虹橋国際空港案内 http://machigotopub.com/pdf/shanghaihongqiaoairport.pdf

［PDF］上海地下鉄歩き http://machigotopub.com/pdf/metrowalkshanghai.pdf

まちごとパブリッシングの旅行ガイド

Machigoto INDIA , Machigoto ASIA , Machigoto CHINA

【北インド - まちごとインド】

001 はじめての北インド
002 はじめてのデリー
003 オールド・デリー
004 ニュー・デリー
005 南デリー
012 アーグラ
013 ファテープル・シークリー
014 バラナシ
015 サールナート
022 カージュラホ
032 アムリトサル

【西インド - まちごとインド】

001 はじめてのラジャスタン
002 ジャイプル
003 ジョードプル
004 ジャイサルメール
005 ウダイプル
006 アジメール（プシュカル）
007 ビカネール
008 シェカワティ
011 はじめてのマハラシュトラ
012 ムンバイ
013 プネー
014 アウランガバード
015 エローラ
016 アジャンタ
021 はじめてのグジャラート
022 アーメダバード
023 ヴァドダラー（チャンパネール）
024 ブジ（カッチ地方）

【東インド - まちごとインド】

002 コルカタ
012 ブッダガヤ

【南インド - まちごとインド】

001 はじめてのタミルナードゥ
002 チェンナイ
003 カーンチプラム
004 マハーバリプラム
005 タンジャヴール
006 クンバコナムとカーヴェリー・デルタ
007 ティルチラパッリ
008 マドゥライ
009 ラーメシュワラム
010 カニャークマリ
021 はじめてのケーララ
022 ティルヴァナンタプラム
023 バックウォーター（コッラム～アラップーザ）
024 コーチ（コーチン）
025 トリシュール

【ネパール - まちごとアジア】

001 はじめてのカトマンズ
002 カトマンズ
003 スワヤンブナート

004 パタン
005 バクタプル
006 ポカラ
007 ルンビニ
008 チトワン国立公園

【バングラデシュ - まちごとアジア】

001 はじめてのバングラデシュ
002 ダッカ
003 バゲルハット（クルナ）
004 シュンドルボン
005 プティア
006 モハスタン（ボグラ）
007 パハルプール

【パキスタン - まちごとアジア】

002 フンザ
003 ギルギット（KKH）
004 ラホール
005 ハラッパ
006 ムルタン

【イラン - まちごとアジア】

001 はじめてのイラン
002 テヘラン
003 イスファハン
004 シーラーズ
005 ペルセポリス
006 パサルガダエ（ナグシェ・ロスタム）
007 ヤズド
008 チョガ・ザンビル（アフヴァーズ）
009 タブリーズ
010 アルダビール

【北京 - まちごとチャイナ】

001 はじめての北京
002 故宮（天安門広場）
003 胡同と旧皇城
004 天壇と旧崇文区
005 瑠璃廠と旧宣武区
006 王府井と市街東部
007 北京動物園と市街西部
008 頤和園と西山
009 盧溝橋と周口店
010 万里の長城と明十三陵

【天津 - まちごとチャイナ】

001 はじめての天津
002 天津市街
003 浜海新区と市街南部
004 薊県と清東陵

【上海 - まちごとチャイナ】

001 はじめての上海
002 浦東新区
003 外灘と南京東路
004 淮海路と市街西部
005 虹口と市街北部
006 上海郊外（龍華・七宝・松江・嘉定）
007 水郷地帯（朱家角・周荘・同里・甪直）

【河北省 - まちごとチャイナ】

001 はじめての河北省
002 石家荘
003 秦皇島
004 承徳
005 張家口
006 保定
007 邯鄲

【江蘇省 - まちごとチャイナ】

001 はじめての江蘇省
002 はじめての蘇州
003 蘇州旧城
004 蘇州郊外と開発区
005 無錫
006 揚州
007 鎮江
008 はじめての南京
009 南京旧城
010 南京紫金山と下関
011 雨花台と南京郊外・開発区
012 徐州

【浙江省 - まちごとチャイナ】

001 はじめての浙江省
002 はじめての杭州
003 西湖と山林杭州
004 杭州旧城と開発区
005 紹興
006 はじめての寧波
007 寧波旧城
008 寧波郊外と開発区
009 普陀山
010 天台山
011 温州

【福建省 - まちごとチャイナ】

001 はじめての福建省
002 はじめての福州
003 福州旧城
004 福州郊外と開発区
005 武夷山
006 泉州
007 厦門
008 客家土楼

【広東省 - まちごとチャイナ】

001 はじめての広東省
002 はじめての広州
003 広州古城
004 天河と広州郊外
005 深圳(深セン)
006 東莞
007 開平(江門)
008 韶関
009 はじめての潮汕
010 潮州
011 汕頭

【遼寧省 - まちごとチャイナ】

001 はじめての遼寧省
002 はじめての大連
003 大連市街
004 旅順
005 金州新区

006 はじめての瀋陽
007 瀋陽故宮と旧市街
008 瀋陽駅と市街地
009 北陵と瀋陽郊外
010 撫順

【重慶 - まちごとチャイナ】

001 はじめての重慶
002 重慶市街
003 三峡下り（重慶〜宜昌）
004 大足

【香港 - まちごとチャイナ】

001 はじめての香港
002 中環と香港島北岸
003 上環と香港島南岸
004 尖沙咀と九龍市街
005 九龍城と九龍郊外
006 新界
007 ランタオ島と島嶼部

【マカオ - まちごとチャイナ】

001 はじめてのマカオ
002 セナド広場とマカオ中心部
003 媽閣廟とマカオ半島南部
004 東望洋山とマカオ半島北部
005 新口岸とタイパ・コロアン

【Juo-Mujin（電子書籍のみ）】

Juo-Mujin 香港縦横無尽
Juo-Mujin 北京縦横無尽
Juo-Mujin 上海縦横無尽

【自力旅游中国 Tabisuru CHINA】

001 バスに揺られて「自力で長城」
002 バスに揺られて「自力で石家荘」
003 バスに揺られて「自力で承徳」
004 船に揺られて「自力で普陀山」
005 バスに揺られて「自力で天台山」
006 バスに揺られて「自力で秦皇島」
007 バスに揺られて「自力で張家口」
008 バスに揺られて「自力で邯鄲」
009 バスに揺られて「自力で保定」
010 バスに揺られて「自力で清東陵」
011 バスに揺られて「自力で潮州」
012 バスに揺られて「自力で汕頭」
013 バスに揺られて「自力で温州」

【車輪はつばさ】
南インドのアイラヴァテシュワラ寺院には建築本体に車輪がついていて寺院に乗った神さまが人びとの想いを運ぶと言います。

・本書はオンデマンド印刷で作成されています。
・本書の内容に関するご意見、お問い合わせは、発行元の
　まちごとパブリッシング info@machigotopub.com までお願いします。

まちごとチャイナ
上海006上海郊外（龍華・七宝・松江・嘉定）
〜伝統県城と、ニュータウンと ［モノクロノートブック版］

2017年11月14日　発行

著　者	「アジア城市（まち）案内」制作委員会
発行者	赤松　耕次
発行所	まちごとパブリッシング株式会社 〒181-0013　東京都三鷹市下連雀4-4-36 URL http://www.machigotopub.com/
発売元	株式会社デジタルパブリッシングサービス 〒162-0812　東京都新宿区西五軒町11-13 清水ビル3F
印刷・製本	株式会社デジタルパブリッシングサービス URL http://www.d-pub.co.jp/

MP092

ISBN978-4-86143-226-2 C0326　　　　Printed in Japan
本書の無断複製複写（コピー）は、著作権法上での例外を除き、禁じられています。